화엄경 제15권 해설

현수품은 제14권 중간에서부터 시작하여 140게(偈)가 나오고, 제15권에서는 총 220게송이 나와 전권이 시로써 이루어져 있다.

"信爲道元功德母 長養一切諸善根"

이란 신행게(信行偈)가 여기서 나오고, 또 석문의범 화엄시식(華嚴施食) 가운에 나오는

"普放光明香莊嚴 種種妙香集爲帳

普散十方諸國土 供養一切大德尊

又放光明茶莊嚴 種種妙茶集爲帳

普散十放諸國土 供養一切靈駕衆

又放光明米莊嚴 種種妙味集爲帳

普散十放諸國土 供養一切孤魂衆

又放光明法自在 此光能覺一切衆

令得無盡陀羅尼 悉持一切諸佛法"

하는 글귀가 여기서 연유되었다.

賢首品 第十二之二
有勝三昧名諸佛
能普救群生安樂
放大光明度諸群生
令其見者悉不思議
所放光明名善現調伏
若有眾生遇此光

又 우	是 시	亦 역	示 시	彼 피	因 인	必 필
放 방	故 고	示 시	法 법	先 선	是 시	令 령
光 광	得 득	佛 불	示 시	示 시	得 득	獲 획
明 명	成 성	塔 탑	僧 승	現 현	成 성	益 익
名 명	此 차	及 급	示 시	於 어	無 무	不 부
照 조	光 광	形 형	正 정	諸 제	上 상	唐 당
耀 요	明 명	像 상	道 도	佛 불	智 지	捐 연

映(영) 所(소) 普(보) 此(차) 令(영) 以(이) 得(득)
蔽(폐) 有(유) 爲(위) 光(광) 執(집) 燈(등) 成(성)
一(일) 暗(암) 衆(중) 覺(각) 燈(등) 供(공) 世(세)
切(체) 障(장) 生(생) 悟(오) 明(명) 養(양) 中(중)
諸(제) 靡(미) 作(작) 一(일) 供(공) 諸(제) 無(무)
天(천) 不(부) 饒(요) 切(체) 養(양) 佛(불) 上(상)
光(광) 除(제) 益(익) 衆(중) 佛(불) 故(고) 燈(등)

사경의 공덕은 십만억 부처님께 공양한 것과 같은 공덕이 있습니다.

然연	亦역	衆중	以이	又우	此차	令영
諸제	然연	香향	是시	放방	光광	其기
油유	種종	妙묘	供공	光광	能능	普보
燈등	種종	藥약	佛불	明명	覺각	發발
及급	諸제	上상	獲획	名명	一일	大대
酥소	明명	寶보	此차	濟제	切체	誓서
燈등	炬거	燭촉	光광	度도	衆중	心심

사경의 공덕은 십만억 부처님께 공양한 것과 같은 공덕이 있습니다.

造 조	於 어	示 시	則 즉	度 도	若 약	度 도
立 립	諸 제	導 도	能 능	脫 탈	能 능	脫 탈
橋 교	行 행	無 무	越 월	欲 욕	普 보	欲 욕
梁 량	路 로	憂 우	度 도	海 해	發 발	海 해
及 급	大 대	解 해	四 사	諸 제	大 대	諸 제
船 선	水 수	脫 탈	瀑 폭	群 군	誓 서	群 군
筏 벌	處 처	城 성	流 류	生 생	心 심	生 생

若약	專전	令영	此차	又우	是시	毀훼
能능	思사	其기	光광	放방	故고	呰자
捨사	解해	捨사	能능	光광	得득	有유
離리	脫탈	離리	覺각	明명	成성	爲위
於어	妙묘	於어	一일	名명	此차	讚찬
五오	法법	五오	切체	滅멸	光광	寂적
欲욕	味미	欲욕	衆중	愛애	明명	靜정

是시	毀훼	專전	惠혜	普보	則즉	專전
故고	訾자	求구	施시	滅멸	能능	思사
得득	五오	無무	池지	世세	以이	解해
成성	欲욕	上상	井정	間간	佛불	脫탈
此차	讚찬	菩보	及급	諸제	甘감	妙묘
光광	禪선	提리	泉천	渴갈	露로	法법
明명	定정	道도	流류	愛애	雨우	味미

사경의 공덕은 십만억 부처님께 공양한 것과 같은 공덕이 있습니다.

又放光明名愛樂
此光能覺一切眾
令其心願證無上菩提
發心立願如來大師
造像莊嚴坐華座
眾相好莊嚴
恒歎最勝諸功德

及 급	若 약	及 급	令 영	此 차	又 우	是 시
以 이	常 상	以 이	其 기	光 광	放 방	故 고
樂 락	心 심	樂 락	心 심	能 능	光 광	得 득
法 법	樂 락	法 법	樂 락	覺 각	明 명	成 성
樂 락	於 어	樂 락	於 어	一 일	名 명	此 차
衆 중	諸 제	衆 중	諸 제	切 체	愛 애	光 광
僧 승	佛 불	僧 승	佛 불	衆 중	樂 락	明 명

사경의 공덕은 십만억 부처님께 공양한 것과 같은 공덕이 있습니다.

大方廣佛華嚴經 9

又 우	是 시	及 급	普 보	開 개	逮 체	則 즉
放 방	故 고	示 시	使 사	悟 오	成 성	在 재
光 광	得 득	發 발	念 념	衆 중	無 무	如 여
明 명	成 성	心 심	佛 불	生 생	上 상	來 래
名 명	此 차	功 공	法 법	無 무	深 심	衆 중
福 복	光 광	德 덕	僧 승	有 유	法 법	會 회
聚 취	明 명	行 행	寶 보	量 량	忍 인	中 중

사경의 공덕은 십만억 부처님께 공양한 것과 같은 공덕이 있습니다.

此 차	令 영	以 이	設 설	有 유	不 불	是 시
光 광	行 행	此 차	大 대	來 래	令 령	故 고
能 능	種 종	願 원	施 시	求 구	其 기	得 득
覺 각	種 종	求 구	會 회	者 자	心 심	成 성
一 일	無 무	無 무	無 무	皆 개	有 유	此 차
切 체	量 량	上 상	遮 차	滿 만	所 소	光 광
衆 중	施 시	道 도	限 한	足 족	乏 핍	明 명

사경의 공덕은 십만억 부처님께 공양한 것과 같은 공덕이 있습니다.

又放光光明 名具一切衆智
此光能覺悟 一一念中
令於解無量 諸法門
悉諸衆生 分別法
爲以諸 決了真實義
及說法義 無虧減

是 시	又 우	此 차	令 영	一 일	演 연	如 여
故 고	放 방	光 광	知 지	切 체	說 설	幻 환
得 득	光 광	能 능	衆 중	諸 제	諸 제	如 여
成 성	明 명	覺 각	生 생	法 법	法 법	焰 염
此 차	名 명	一 일	性 성	無 무	空 공	水 수
光 광	慧 혜	切 체	空 공	所 소	無 무	中 중
明 명	燈 등	衆 중	寂 적	有 유	主 주	月 월

사경의 공덕은 십만억 부처님께 공양한 것과 같은 공덕이 있습니다.

乃 내	是 시	又 우	此 차	令 영	悉 실	恭 공
至 지	故 고	放 방	光 광	得 득	持 지	敬 경
猶 유	得 득	光 광	能 능	無 무	一 일	供 공
如 여	成 성	名 명	覺 각	盡 진	切 체	養 양
夢 몽	此 차	法 법	一 일	陀 다	諸 제	持 지
影 영	光 광	自 자	切 체	羅 라	佛 불	法 법
像 상	明 명	在 재	衆 중	尼 니	法 법	者 자

사경의 공덕은 십만억 부처님께 공양한 것과 같은 공덕이 있습니다.

給侍守護諸賢聖
以種種法施衆生
是故得成此光明
又放光明名能捨
此光覺悟慳名此
令知財寶悉非常
恒樂惠施心無著

慳心難調而　解財惠施　夢如浮雲　能調
增長　財寶如夢　如浮雲　能調
是故放光　得成此　清淨心
又放光明　名除熱
此光能覺　毀禁者
普使受持淨戒

發 발	勸 권	十 십	又 우	是 시	又 우	此 차
心 심	引 인	善 선	令 령	故 고	放 방	光 광
願 원	衆 중	業 업	發 발	得 득	光 광	覺 각
證 증	生 생	道 도	向 향	成 성	明 명	悟 오
無 무	受 수	悉 실	菩 보	此 차	名 명	瞋 진
師 사	持 지	淸 청	提 리	光 광	忍 인	恚 에
道 도	戒 계	淨 정	心 심	明 명	嚴 엄	者 자

사경의 공덕은 십만억 부처님께 공양한 것과 같은 공덕이 있습니다.

又 우	是 시	常 상	爲 위	衆 중	常 상	令 영
放 방	故 고	樂 락	菩 보	生 생	樂 락	彼 피
光 광	得 득	稱 칭	提 리	暴 폭	忍 인	除 제
明 명	成 성	揚 양	故 고	惡 악	辱 욕	瞋 진
名 명	此 차	忍 인	心 심	難 난	柔 유	離 리
勇 용	光 광	功 공	不 부	可 가	和 화	我 아
猛 맹	明 명	德 덕	動 동	忍 인	法 법	慢 만

사경의 공덕은 십만억 부처님께 공양한 것과 같은 공덕이 있습니다.

此(차) 光(광) 覺(각) 悟(오) 懶(라) 惰(타) 者(자)
令(영) 彼(피) 常(상) 於(어) 三(삼) 寶(보) 中(중)
恭(공) 敬(경) 供(공) 養(양) 無(무) 疲(피) 厭(염)
若(약) 彼(피) 常(상) 於(어) 三(삼) 寶(보) 中(중)
恭(공) 敬(경) 供(공) 養(양) 無(무) 疲(피) 厭(염)
則(즉) 能(능) 超(초) 出(출) 四(사) 魔(마) 境(경)
速(속) 成(성) 無(무) 上(상) 佛(불) 菩(보) 提(리)

사경의 공덕은 십만억 부처님께 공양한 것과 같은 공덕이 있습니다.

令 영	此 차	又 우	是 시	法 법	常 상	勸 권
其 기	光 광	放 방	故 고	欲 욕	勤 근	化 화
遠 원	能 능	光 광	得 득	滅 멸	供 공	衆 중
離 리	覺 각	明 명	成 성	時 시	養 양	生 생
貪 탐	亂 란	名 명	此 차	專 전	於 어	令 령
恚 에	意 의	寂 적	光 광	守 수	三 삼	進 진
癡 치	者 자	靜 정	明 명	護 호	寶 보	策 책

此 차	又 우	是 시	讚 찬	無 무	捨 사	心 심
光 광	放 방	故 고	歎 탄	義 의	離 리	不 부
覺 각	光 광	得 득	禪 선	談 담	一 일	動 동
悟 오	明 명	成 성	定 정	說 설	切 체	搖 요
愚 우	名 명	此 차	阿 아	雜 잡	惡 악	而 이
迷 미	慧 혜	光 광	蘭 란	染 염	知 지	正 정
者 자	嚴 엄	明 명	若 야	行 행	識 식	定 정

令	諸	若	諸	則	智	國
영	제	약	제	즉	지	국
其	根	能	根	得	慧	財
기	근	능	근	득	혜	재
證	智	證	智	日	光	及
증	지	증	지	일	광	급
諦	慧	諦	慧	燈	明	己
제	혜	체	혜	등	명	기
解	悉	解	悉	三	成	皆
해	실	해	실	삼	성	개
緣	通	緣	通	昧	佛	能
연	통	연	통	매	불	능
起	達	起	達	法	果	捨
기	달	기	달	법	과	사

사경의 공덕은 십만억 부처님께 공양한 것과 같은 공덕이 있습니다.

爲 위	聞 문	是 시	又 우	此 차	令 영	各 각
菩 보	已 이	故 고	放 방	光 광	見 견	各 각
提 리	專 전	得 득	光 광	覺 각	無 무	坐 좌
故 고	勤 근	成 성	明 명	悟 오	量 량	寶 보
求 구	爲 위	此 차	名 명	諸 제	無 무	蓮 연
正 정	衆 중	光 광	佛 불	含 함	邊 변	華 화
法 법	說 설	明 명	慧 혜	識 식	佛 불	上 상

사경의 공덕은 십만억 부처님께 공양한 것과 같은 공덕이 있습니다.

讚說顯是又此非
찬설현시우차비
佛佛示故放光人
불불시고방광인
威自佛得光照所
위자불득광조소
德在力成明觸持
덕재력성명촉지
及無及此名恐諸
급무급차명공제
解有神光無怖毒
해유신광무포독
脫量通明者害
탈량통명자해

一 일	能 능	遇 우	拯 증	以 이	又 우	此 차
切 체	於 어	有 유	濟 제	是 시	放 방	光 광
皆 개	衆 중	惱 뇌	厄 액	得 득	光 광	能 능
令 령	生 생	害 해	難 난	成 성	明 명	照 조
疾 질	施 시	皆 개	孤 고	此 차	名 명	疾 질
除 제	無 무	勸 권	窮 궁	光 광	安 안	病 병
滅 멸	畏 외	止 지	者 자	明 명	隱 은	者 자

사경의 공덕은 십만억 부처님께 공양한 것과 같은 공덕이 있습니다.

又 우	以 이	酥 소	妙 묘	施 시	悉 실	令 영
放 방	是 시	油 유	寶 보	以 이	得 득	除 제
光 광	得 득	乳 유	延 연	良 량	正 정	一 일
明 명	成 성	蜜 밀	命 명	藥 약	定 정	切 체
名 명	此 차	充 충	香 향	救 구	三 삼	諸 제
見 견	光 광	飮 음	塗 도	衆 증	昧 매	苦 고
佛 불	明 명	食 식	體 체	患 환	樂 락	痛 통

사경의 공덕은 십만억 부처님께 공양한 것과 같은 공덕이 있습니다.

是 시	俾 비	又 우	見 견	命 명	令 영	此 차
故 고	於 어	示 시	有 유	終 종	隨 수	光 광
得 득	佛 불	尊 존	臨 림	得 득	憶 억	覺 각
成 성	所 소	像 상	終 종	生 생	念 념	悟 오
此 차	深 심	令 령	勸 권	其 기	見 견	將 장
光 광	歸 귀	瞻 첨	念 념	淨 정	如 여	歿 몰
明 명	仰 앙	敬 경	佛 불	國 국	來 래	者 자

사경의 공덕은 십만억 부처님께 공양한 것과 같은 공덕이 있습니다.

又放光明名樂法
此光能覺一切衆
令於正法常欣樂
聽聞演說及書寫
法盡能演說
令求法者意充滿
於法愛樂勤修行

是故得成此光明　名諸菩薩妙音光明

又放光明開悟諸　名此光明

此光能令三界所有　如來音聲

聞者皆是稱讚佛

以大音聲鐸　稱讚佛

及施鈴鐸諸音樂

說 설	具 구	令 영	此 차	又 우	是 시	普 보
有 유	足 족	捨 사	光 광	放 방	故 고	使 사
爲 위	修 수	一 일	開 개	光 광	得 득	世 세
法 법	習 습	切 체	悟 오	明 명	成 성	間 간
非 비	諸 제	放 방	一 일	施 시	此 차	聞 문
安 안	功 공	逸 일	切 체	甘 감	光 광	佛 불
隱 은	德 덕	行 행	衆 중	露 로	明 명	音 음

戒계	令영	此차	又우	是시	恒항	無무
定정	於어	光광	放방	故고	樂락	量량
智지	佛불	開개	光광	得득	稱칭	苦고
慧혜	所소	悟오	明명	成성	揚양	惱뇌
增증	普보	一일	名명	此차	寂적	悉실
上상	聽청	切체	最최	光광	滅멸	充충
法법	聞문	衆중	勝승	明명	樂락	徧변

常 상	勝 승	如 여	是 시	又 우	此 차	令 영
樂 락	戒 계	是 시	故 고	放 방	光 광	得 득
稱 칭	勝 승	爲 위	得 득	光 광	能 능	寶 보
揚 양	定 정	求 구	成 성	明 명	覺 각	藏 장
一 일	殊 수	無 무	此 차	名 명	一 일	無 무
切 체	勝 승	上 상	光 광	寶 보	切 체	窮 궁
佛 불	慧 혜	道 도	明 명	嚴 엄	衆 중	盡 진

사경의 공덕은 십만억 부처님께 공양한 것과 같은 공덕이 있습니다.

以 이	以 이	奉 봉	亦 역	是 시	又 우	此 차
此 차	諸 제	施 시	以 이	故 고	放 방	光 광
供 공	種 종	於 어	惠 혜	得 득	光 광	能 능
養 양	種 종	佛 불	施 시	成 성	明 명	覺 각
諸 제	上 상	及 급	諸 제	此 차	名 명	一 일
如 여	妙 묘	佛 불	貧 빈	光 광	香 향	切 체
來 래	寶 보	塔 탑	之 핍	明 명	嚴 엄	衆 중

令其聞者 決定當成 人天妙香 供養一切 亦以造塔 是故得成 又放光明 名雜莊嚴
悅可意 功德 塗地 及佛勝像主 佛光明 此光明

사경의 공덕은 십만억 부처님께 공양한 것과 같은 공덕이 있습니다.

是시	種종	衆중	本본	城성	焚분	寶보
故고	種종	香향	以이	邑읍	香향	幢당
得득	莊장	妙묘	微미	內내	散산	幡번
成성	嚴엄	華화	妙묘	外외	華화	蓋개
此차	供공	幢당	妓기	皆개	奏주	無무
光광	養양	蓋개	樂락	充충	衆중	央앙
明명	佛불	等등	音음	滿만	樂락	數수

사경의 공덕은 십만억 부처님께 공양한 것과 같은 공덕이 있습니다.

又	令	莊	是	又	能	以
우	영	장	시	우	능	이
放	地	嚴	故	放	起	水
방	지	엄	고	방	기	수
光	平	佛	得	光	香	灑
광	평	불	득	광	향	쇄
明	坦	塔	成	明	雲	塔
명	탄	탑	성	명	운	탑
名	猶	及	此	名	雨	及
명	유	급	차	명	우	급
嚴	如	其	光	大	香	庭
엄	여	기	광	대	향	정
潔	掌	處	明	雲	水	院
결	장	처	명	운	수	원

사경의 공덕은 십만억 부처님께 공양한 것과 같은 공덕이 있습니다.

能능	又우	是시	嚴엄	令영	又우	是시
令령	放방	故고	身신	裸라	放방	故고
飢기	光광	得득	妙묘	形형	光광	得득
者자	明명	成성	物물	者자	明명	成성
獲획	名명	此차	而이	得득	名명	此차
美미	上상	光광	爲위	上상	嚴엄	光광
食식	味미	明명	施시	服복	具구	明명

사경의 공덕은 십만억 부처님께 공양한 것과 같은 공덕이 있습니다.

又 是 以 令 又 是 種
우 시 이 영 우 시 종
放 故 無 貧 放 故 種
방 고 무 빈 방 고 종
光 得 盡 之 光 得 珍
광 득 진 핍 광 득 진
名 成 物 者 明 成 饌
명 성 물 자 명 성 찬
眼 此 施 獲 名 此 而
안 차 시 획 명 차 이
淸 光 三 寶 大 光 爲
청 광 삼 보 대 광 위
淨 明 寶 藏 財 明 施
정 명 보 장 재 명 시

是시	鼓고	能능	又우	是시	以이	能능
故고	樂악	令령	放방	故고	燈등	令령
得득	娛오	聾롱	光광	得득	施시	盲맹
成성	佛불	者자	名명	成성	佛불	者자
此차	及급	悉실	耳이	此차	及급	見견
光광	佛불	善선	清청	光광	佛불	衆중
明명	塔탑	聽청	淨정	明명	塔탑	色색

永영	能능	又우	是시	以이	昔석	又우
除제	以이	放방	故고	香향	未미	放방
麤추	美미	光광	得득	施시	聞문	光광
惡악	音음	名명	成성	佛불	香향	名명
不불	稱칭	舌설	此차	及급	皆개	鼻비
善선	讚찬	清청	光광	佛불	得득	清청
語어	佛불	淨정	明명	塔탑	聞문	淨정

사경의 공덕은 십만억 부처님께 공양한 것과 같은 공덕이 있습니다.

令 영	又 우	是 시	以 이	諸 제	又 우	是 시
失 실	放 방	故 고	身 신	根 근	放 방	故 고
心 심	光 광	得 득	禮 례	缺 결	光 광	得 득
者 자	名 명	成 성	佛 불	者 자	名 명	成 성
得 득	意 의	此 차	及 급	令 령	身 신	此 차
正 정	清 청	光 광	佛 불	具 구	清 청	光 광
念 념	淨 정	明 명	塔 탑	足 족	淨 정	明 명

又 우	是 시	以 이	令 영	又 우	是 시	修 수
放 방	故 고	衆 중	見 견	放 방	故 고	行 행
光 광	得 득	妙 묘	難 난	光 광	得 득	三 삼
名 명	成 성	色 색	思 사	名 명	成 성	昧 매
聲 성	此 차	莊 장	諸 제	色 색	此 차	悉 실
淸 청	光 광	嚴 엄	佛 불	淸 청	光 광	自 자
淨 정	明 명	塔 탑	色 색	淨 정	明 명	在 재

사경의 공덕은 십만억 부처님께 공양한 것과 같은 공덕이 있습니다.

是시	香향	令영	又우	是시	觀관	令영
故고	水수	諸제	放방	故고	聲성	知지
得득	洗세	臭취	光광	得득	緣연	聲성
成성	塔탑	穢예	名명	成성	起기	性성
此차	菩보	悉실	香향	此차	如여	本본
光광	提리	香향	淸청	光광	谷곡	空공
明명	樹수	潔결	淨정	明명	響향	寂적

사경의 공덕은 십만억 부처님께 공양한 것과 같은 공덕이 있습니다.

戈과	能능	又우	是시	恒항	能능	又우
鋋연	令령	放방	故고	供공	除제	放방
劍검	惡악	光광	得득	佛불	一일	光광
戟극	觸촉	名명	成성	僧승	切체	名명
從종	皆개	觸촉	此차	及급	味미	味미
空공	柔유	清청	光광	父부	中중	清청
雨우	軟연	淨정	明명	母모	毒독	淨정

사경의 공덕은 십만억 부처님께 공양한 것과 같은 공덕이 있습니다.

大方廣佛華嚴經 44

皆 개	以 이	塗 도	迎 영	是 시	又 우	能 능
令 령	昔 석	香 향	送 송	故 고	放 방	令 령
變 변	曾 증	散 산	如 여	今 금	光 광	一 일
作 작	於 어	華 화	來 래	獲 획	名 명	切 체
妙 묘	道 도	布 포	令 령	光 광	法 법	諸 제
華 화	路 로	衣 의	蹈 도	如 여	清 청	毛 모
鬘 만	中 중	服 복	上 상	是 시	淨 정	孔 공

사경의 공덕은 십만억 부처님께 공양한 것과 같은 공덕이 있습니다.

如여	以이	法법	諸제	因인	衆중	悉실
是시	說설	性성	佛불	緣연	生생	演연
等등	其기	常상	法법	所소	聽청	妙묘
比비	義의	住주	身신	生생	者자	法법
光광	光광	如여	非비	無무	咸함	不불
明명	如여	虛허	是시	有유	欣흔	思사
門문	是시	空공	身신	生생	悟오	議의

사경의 공덕은 십만억 부처님께 공양한 것과 같은 공덕이 있습니다.

此차	一일	無무	如여	一일	悉실	如여
是시	切체	量량	一일	一일	從종	恒항
大대	毛모	無무	毛모	作작	大대	河하
仙선	孔공	數수	孔공	業업	仙선	沙사
三삼	悉실	如여	所소	各각	毛모	無무
昧매	亦역	恒항	放방	差차	孔공	限한
力력	然연	沙사	光광	別별	出출	數수

사경의 공덕은 십만억 부처님께 공양한 것과 같은 공덕이 있습니다.

如 여	隨 수	今 금	此 차	往 왕	及 급	見 견
其 기	彼 피	放 방	是 시	昔 석	有 유	其 기
本 본	宿 숙	光 광	大 대	同 동	愛 애	所 소
行 행	緣 연	明 명	仙 선	修 수	樂 락	作 작
所 소	同 동	故 고	智 지	於 어	能 능	亦 역
得 득	行 행	如 여	自 자	福 복	隨 수	復 부
光 광	者 자	是 시	在 재	業 업	喜 희	然 연

彼 於 若 供 於 是 譬 非
於 自 有 養 此 此 如 爲
此 修 諸 功 光 生 無
光 衆 無 佛 德 明 盲 日
咸 福 央 常 所 不 出
得 業 數 願 開 見 世
見 求 覺 日 間

사경의 공덕은 십만억 부처님께 공양한 것과 같은 공덕이 있습니다.

諸有目者 各隨所務 亦修其業 亦悉明見

大士光明 有智慧者 皆悉如是 凡夫邪信 莫能解人

於此光明 摩尼宮殿 及輦乘

妙	有	非	大	有	邪	無
寶	福	無	士	深	信	有
靈	德	德	光	智	劣	能
香	者	者	明	者	解	見
以	自	所	亦	咸	凡	此
塗	然	能	如	照	愚	光
瑩	備	處	是	觸	人	明

사경의 공덕은 십만억 부처님께 공양한 것과 같은 공덕이 있습니다.

若有聞此光差別
能生清淨深信解網
永斷一切諸疑網
速成無上功德幢
有勝三昧能出現
眷屬莊嚴皆自在
一切十方諸國土

사경의 공덕은 십만억 부처님께 공양한 것과 같은 공덕이 있습니다.

佛 불	有 유	量 양	其 기	是 시	復 부	妙 묘
子 자	妙 묘	等 등	身 신	此 차	有 유	好 호
衆 중	蓮 연	三 삼	端 단	三 삼	十 십	蓮 연
會 회	華 화	千 천	坐 좌	昧 매	刹 찰	華 화
無 무	光 광	大 대	悉 실	神 신	微 미	所 소
倫 륜	莊 장	千 천	充 충	通 통	塵 진	圍 위
匹 필	嚴 엄	界 계	滿 만	力 력	數 수	遶 요

사경의 공덕은 십만억 부처님께 공양한 것과 같은 공덕이 있습니다.

諸佛子衆 於中坐
住此三昧 威神力
宿世成就 善因緣
具足修行 功德
此等衆生 逮菩薩
悉共合掌 觀無厭
譬如明月 在星中

菩 보	大 대	入 입	如 여	諸 제	一 일	住 주
薩 살	士 사	此 차	於 어	佛 불	切 체	此 차
處 처	所 소	三 삼	一 일	子 자	方 방	三 삼
衆 중	行 행	昧 매	方 방	衆 중	中 중	昧 매
亦 역	法 법	威 위	所 소	共 공	悉 실	威 위
復 부	如 여	神 신	示 시	圍 위	如 여	神 신
然 연	是 시	力 력	現 현	遶 요	是 시	力 력

사경의 공덕은 십만억 부처님께 공양한 것과 같은 공덕이 있습니다.

或 흑	而 이	或 흑	或 흑	一 일	菩 보	有 유
於 어	於 어	於 어	現 현	切 체	薩 살	勝 승
西 서	西 서	東 동	入 입	方 방	住 주	三 삼
方 방	方 방	方 방	定 정	中 중	此 차	昧 매
入 입	從 종	入 입	或 흑	普 보	廣 광	名 명
正 정	定 정	正 정	從 종	現 현	開 개	方 방
定 정	出 출	定 정	出 출	身 신	示 시	網 망

사경의 공덕은 십만억 부처님께 공양한 것과 같은 공덕이 있습니다.

所소	盡진	是시	如여	而이	或혹	而이
有유	於어	名명	是시	於어	於어	於어
如여	東동	菩보	入입	餘여	餘여	東동
來래	方방	薩살	出출	方방	方방	方방
無무	諸제	三삼	徧변	從종	入입	從종
數수	國국	昧매	十시	定정	正정	定정
量량	土토	力력	方방	出출	定정	出출

사경의 공덕은 십만억 부처님께 공양한 것과 같은 공덕이 있습니다.

悉실現현其기前전普보親친近근
住주於어三삼昧매寂적不부動동
而이於어西서方방諸제世세界계所소
一일切체諸제佛불如여來래起기
皆개現현從종於어三삼昧매
廣광修수無무量량諸제供공養양
盡진於어西서方방諸제國국土토

사경의 공덕은 십만억 부처님께 공양한 것과 같은 공덕이 있습니다.

所 소	悉 실	住 주	而 이	一 일	皆 개	廣 광
有 유	現 현	於 어	於 어	切 체	現 현	修 수
如 여	其 기	三 삼	東 동	諸 제	從 종	無 무
來 래	前 전	昧 매	方 방	佛 불	於 어	量 량
無 무	普 보	寂 적	諸 제	如 여	三 삼	諸 제
數 수	親 친	不 부	世 세	來 래	昧 매	供 공
量 량	近 근	動 동	界 계	所 소	起 기	養 양

如여	菩보	或혹	或혹	於어	於어	示시
是시	薩살	現현	現현	眼안	色색	現현
十십	悉실	三삼	恭공	根근	塵진	色색
方방	入입	昧매	敬경	中중	中중	性성
諸제	無무	寂적	供공	入입	從종	不불
世세	有유	不부	養양	正정	定정	思사
界계	餘여	動동	佛불	定정	出출	議의

사경의 공덕은 십만억 부처님께 공양한 것과 같은 공덕이 있습니다.

於 어	於 어	性 성	說 설	於 어	於 어	一 일
聲 성	耳 이	空 공	眼 안	眼 안	色 색	切 체
塵 진	根 근	寂 적	無 무	起 기	塵 진	天 천
中 중	中 중	滅 멸	生 생	定 정	中 중	人 인
從 종	入 입	無 무	無 무	心 심	入 입	莫 막
定 정	正 정	所 소	有 유	不 불	正 정	能 능
出 출	定 정	作 작	起 기	亂 란	定 정	知 지

於 어	性 성	說 설	於 어	於 어	諸 제	分 분
鼻 비	空 공	耳 이	耳 이	聲 성	天 천	別 별
根 근	寂 적	無 무	起 기	塵 진	世 세	一 일
中 중	滅 멸	生 생	定 정	中 중	人 인	切 체
入 입	無 무	無 무	心 심	入 입	莫 막	語 어
正 정	所 소	有 유	不 불	正 정	能 능	言 언
定 정	作 작	起 기	亂 란	定 정	知 지	音 음

於 향	普 보	諸 제	於 어	於 어	說 설	性 성
香 향	得 득	天 천	香 향	鼻 비	鼻 비	空 공
塵 진	一 일	世 세	塵 진	起 기	無 무	寂 적
中 중	切 체	人 인	中 중	定 정	生 생	滅 멸
從 종	莫 막	入 입	心 심	無 무	無 무
定 정	妙 묘	能 능	正 정	不 불	有 유	所 소
出 출	香 향	知 지	定 정	亂 란	起 기	作 작

說 설	於 어	於 어	諸 제	普 보	於 어	於 어
舌 설	舌 설	味 미	天 천	得 득	味 미	舌 설
無 무	起 기	塵 진	世 세	一 일	塵 진	根 근
生 생	定 정	中 중	人 인	切 체	中 중	中 중
無 무	心 심	入 입	莫 막	諸 제	從 종	入 입
有 유	不 불	正 정	能 능	上 상	定 정	正 정
起 기	亂 란	定 정	知 지	味 미	出 출	定 정

사경의 공덕은 십만억 부처님께 공양한 것과 같은 공덕이 있습니다.

性空寂滅無所作　於身根中入正定　於觸塵中從定出
善能分別一切觸　諸天世人莫能知　於觸塵中入正定　於身起定心不亂

說身無生無無有起
性空寂滅無無所作
於意根中無
於法塵中從定出
分別一切諸法相
諸天世人莫能知
於法塵中入正定

사경의 공덕은 십만억 부처님께 공양한 것과 같은 공덕이 있습니다.

老 노	壯 장	壯 장	童 동	性 성	說 설	從 종
年 년	年 년	年 년	子 자	空 공	意 의	意 의
身 신	身 신	身 신	身 신	寂 적	無 무	起 기
中 중	中 중	中 중	中 중	滅 멸	生 생	定 정
從 종	入 입	從 종	入 입	無 무	無 무	心 심
定 정	正 정	定 정	正 정	所 소	有 유	不 불
出 출	定 정	出 출	定 정	作 작	起 기	亂 란

사경의 공덕은 십만억 부처님께 공양한 것과 같은 공덕이 있습니다.

比 비	比 비	善 선	善 선	善 선	善 선	老 노
丘 구	丘 구	男 남	男 남	女 녀	女 여	年 년
尼 니	尼 니	身 신	身 신	身 신	身 신	身 신
身 신	身 신	中 중	中 중	中 중	中 중	中 중
入 입	從 종	入 입	從 종	入 입	從 종	入 입
正 정	定 정	正 정	定 정	正 정	定 정	正 정
定 정	出 출	定 정	出 출	定 정	出 출	定 정

사경의 공덕은 십만억 부처님께 공양한 것과 같은 공덕이 있습니다.

現현	辟벽	辟벽	學학	學학	比비	比비
如여	支지	支지	無무	無무	丘구	丘구
來래	佛불	佛불	學학	學학	身신	身신
身신	身신	身신	身신	身신	中중	中중
從종	入입	從종	入입	從종	入입	從종
定정	正정	定정	正정	定정	正정	定정
出출	定정	出출	定정	出출	定정	出출

사경의 공덕은 십만억 부처님께 공양한 것과 같은 공덕이 있습니다.

夜 야	夜 야	大 대	大 대	諸 제	諸 제	於 어
叉 차	叉 차	龍 룡	龍 룡	天 천	天 천	如 여
身 신	身 신	身 신	身 신	身 신	身 신	來 래
中 중	中 중	中 중	中 중	中 중	中 중	身 신
入 입	從 종	入 입	從 종	入 입	從 종	入 입
正 정	定 정	正 정	定 정	正 정	定 정	正 정
定 정	出 출	定 정	出 출	定 정	出 출	定 정

사경의 공덕은 십만억 부처님께 공양한 것과 같은 공덕이 있습니다.

一 일	一 일	一 일	一 일	一 일	鬼 귀	鬼 귀
毛 모	切 체	切 체	毛 모	毛 모	神 신	神 신
端 단	毛 모	毛 모	孔 공	孔 공	身 신	身 신
頭 두	孔 공	孔 공	中 중	中 중	中 중	中 중
從 종	入 입	從 종	入 입	從 종	入 입	從 종
定 정	正 정	定 정	正 정	定 정	正 정	定 정
出 출	定 정	出 출	定 정	出 출	定 정	出 출

사경의 공덕은 십만억 부처님께 공양한 것과 같은 공덕이 있습니다.

金금	金금	一일	一일	一일	一일	一일
剛강	剛강	切체	切체	微미	微미	毛모
地지	地지	塵진	塵진	塵진	塵진	端단
中중	中중	中중	中중	中중	中중	頭두
入입	從종	入입	從종	入입	從종	入입
正정	定정	正정	定정	正정	定정	正정
定정	出출	定정	出출	定정	出출	定정

사경의 공덕은 십만억 부처님께 공양한 것과 같은 공덕이 있습니다.

於 어	於 어	於 어	佛 불	佛 불	摩 마	摩 마
火 화	河 하	河 하	光 광	光 광	尼 니	尼 니
大 대	海 해	海 해	明 명	明 명	樹 수	樹 수
中 중	中 중	中 중	中 중	中 중	上 상	上 상
從 종	入 입	從 종	入 입	從 종	入 입	從 종
定 정	正 정	定 정	正 정	定 정	正 정	定 정
出 출	定 정	出 출	定 정	出 출	定 정	出 출

사경의 공덕은 십만억 부처님께 공양한 것과 같은 공덕이 있습니다.

於 어	於 어	於 어	於 어	於 어	於 어	於 어
天 천	天 천	地 지	地 지	風 풍	風 풍	火 화
宮 궁	宮 궁	大 대	大 대	大 대	起 기	大 대
殿 전	殿 전	中 중	中 중	中 중	定 정	中 중
入 입	從 종	入 입	從 종	入 입	心 심	入 입
正 정	定 정	正 정	定 정	正 정	不 불	正 정
定 정	出 출	定 정	出 출	定 정	亂 난	定 정

사경의 공덕은 십만억 부처님께 공양한 것과 같은 공덕이 있습니다.

於어 是시 三삼 十시 於어 一일 衆중
空공 名명 昧매 方방 無무 切체 生생
起기 無무 自자 一일 量량 如여 業업
定정 量량 在재 切체 劫겁 來래 報보
心심 功공 難난 諸제 說설 咸함 難난
不불 德덕 思사 如여 不부 共공 思사
亂란 者자 議의 來래 盡진 說설 議의

사경의 공덕은 십만억 부처님께 공양한 것과 같은 공덕이 있습니다.

諸 菩 欲 終 然 因 聲
龍 薩 以 無 諸 於 聞
變 神 譬 有 智 譬 心
化 力 喩 喩 慧 故 住
佛 亦 而 能 聰 解 八
自 難 顯 喩 達 其 解
在 思 示 此 人 義 脫

所能復於行身身
有以以虛住上上
一以多空坐出出
變一多中臥水火
現身身入悉身身
皆為現火在下下
自多一定空火水
在身身

如是皆於一念中
種種自在無邊量
彼不不具足大慈悲
不爲衆生求佛道
尚能現此難思事
況大饒益自在力
譬如日月遊虛空

唯 유	此 차	十 시	菩 보	眾 중	泉 천	影 영
有 유	皆 개	方 방	薩 살	寶 보	池 지	像 상
如 여	三 삼	普 보	色 색	河 하	陂 피	普 보
來 래	昧 매	現 현	像 상	海 해	澤 택	徧 변
能 능	自 자	不 불	亦 역	靡 미	器 기	於 어
證 증	在 재	思 사	復 부	不 불	中 중	十 시
了 료	法 법	議 의	然 연	現 현	水 수	方 방

如淨水中四兵像
各各別異無交雜
劍戟弧矢甚多種
鎧冑車輿非一種
隨其所有相差別
莫不皆於水中現
而水本自無分別

菩薩 三昧 亦如是
보살 삼매 역여시

海中 有 神 名 善音
해중 유 신 명 선음
衆生
중생

其 音 普順 海
기 음 보 순 해
衆生
중생

所有 語言 皆悉 辨了
소유 어언 개실 변료

令 彼 一切 悉 歡悅
영 피 일체 실 환열

彼 神 具有 貪恚癡
피 신 구유 탐에치

猶 能 善解 一切音
유 능 선해 일체음

況부 而이 有유 父부 若약 入입 彼피
復부 不불 一일 母모 有유 彼피 有유
總총 能능 婦부 求구 離리 身신 貪탐
持지 令령 人인 天천 惡악 中중 欲욕
自자 衆중 名명 而이 樂락 生생 瞋진
在재 歡환 辯변 得득 眞진 妙묘 恚에
力력 喜희 才재 生생 實실 辯변 癡치

사경의 공덕은 십만억 부처님께 공양한 것과 같은 공덕이 있습니다.

猶	何	而	譬	能	須	城
유	하	이	비	능	수	성
能	況	不	如	現	臾	邑
능	황	불	여	현	유	읍
隨	菩	能	幻	種	示	豊
수	보	능	환	종	시	풍
行	薩	與	師	種	作	饒
행	살	여	사	종	작	요
與	具	衆	知	無	日	大
여	구	중	지	무	일	대
辯	智	生	幻	量	月	安
변	지	생	환	량	월	안
才	慧	益	法	事	歲	樂
재	혜	익	법	사	세	락

사경의 공덕은 십만억 부처님께 공양한 것과 같은 공덕이 있습니다.

幻師具有 貪 世間 癡
猶能幻力 悅 解脫力
況復不能禪定 令 眾 歡喜時
而不能阿修羅 修羅 鬪戰
修羅 敗 衄 而 退 走
兵仗 車輿 及 徒 旅

彼 피	釋 석	云 운	況 황	尚 상	彼 피	一 일
知 지	提 제	何 하	住 주	能 능	有 유	時 시
天 천	桓 환	不 불	神 신	變 변	貪 탐	竄 찬
主 주	因 인	能 능	通 통	化 화	欲 욕	匿 닉
欲 욕	有 유	現 현	無 무	不 불	瞋 진	莫 막
行 행	象 상	自 자	畏 외	思 사	恚 에	得 득
時 시	王 왕	在 재	法 법	議 의	癡 치	見 견

彼피	各각	一일	清청	一일	一일	自자
諸제	七칠	一일	淨정	一일	一일	化화
嚴엄	蓮연	清청	香향	牙아	六륙	作작
飾식	華화	淨정	潔결	上상	牙아	頭두
蓮연	妙묘	池지	湛담	七칠	皆개	三삼
華화	嚴엄	水수	然연	池지	具구	十십
上상	飾식	中중	滿만	水수	足족	三삼

有 유	威 위	自 자	彼 피	而 이	悉 실	各 각
此 차	儀 의	化 화	象 상	與 여	善 선	各 각
變 변	進 진	其 기	或 혹	帝 제	技 기	有 유
現 현	止 지	身 신	復 부	釋 석	藝 예	七 칠
神 신	悉 실	同 동	捨 사	相 상	奏 주	天 천
通 통	齊 제	諸 제	本 본	娛 오	衆 중	玉 옥
力 력	等 등	天 천	形 형	樂 락	樂 악	女 녀

사경의 공덕은 십만억 부처님께 공양한 것과 같은 공덕이 있습니다.

彼	尚	何	而	如	蹈	海
피	상	하	이	여	도	해
有	能	況	於	阿	金	水
유	능	황	어	아	금	수
貪	現	具	諸	修	剛	至
탐	현	구	제	수	강	지
欲	此	足	定	羅	際	深
욕	차	족	정	라	제	심
瞋	諸	方	不	變	海	僅
진	제	방	부	변	해	근
恚	神	便	自	作	中	其
에	신	편	자	작	중	기
癡	通	智	在	身	立	半
치	통	지	재	신	립	반

사경의 공덕은 십만억 부처님께 공양한 것과 같은 공덕이 있습니다.

帝 제	天 천	而 이	況 황	尚 상	彼 피	首 수
釋 석	阿 아	無 무	伏 복	能 능	有 유	共 공
神 신	修 수	自 자	魔 마	現 현	貪 탐	須 수
力 력	羅 라	在 재	怨 원	此 차	欲 욕	彌 미
難 난	共 공	威 위	照 조	大 대	瞋 진	正 정
思 사	戰 전	神 신	世 세	神 신	恚 에	齊 제
議 의	時 시	力 력	燈 등	通 통	癡 치	等 등

隨阿修羅軍衆數
現阿修
諸阿修羅
釋提桓因
必取我身因五種向我
由是彼衆悉憂悴縛
帝釋現身有千眼
而與衆敵念
發是念
來
羅
彼

手持金剛出火焰
被甲持仗極威嚴
修羅望見咸退伏
彼以微小見福德
猶能摧破大怨敵
何況救度一切者
具足功德不自在

사경의 공덕은 십만억 부처님께 공양한 것과 같은 공덕이 있습니다.

切도利리天천中중有유天천鼓고

從종天천業업報보而이生생得득

知지諸제天천衆중放방逸일時시

空공中중自자然연出출此차音음

一일切체五오欲욕悉실皆무常상

如여水수聚취沫말性성虛허偽위

諸제有유如여夢몽如여陽양焰염

一 일	世 세	入 입	若 약	非 비	放 방	亦 역
切 체	間 간	於 어	有 유	甘 감	逸 일	如 여
聖 성	所 소	死 사	作 작	露 로	爲 위	浮 부
人 인	有 유	滅 멸	諸 제	道 도	怨 원	雲 운
皆 개	衆 중	大 대	放 방	生 생	爲 위	水 수
厭 염	苦 고	魚 어	逸 일	死 사	苦 고	中 중
患 환	本 본	口 구	行 행	徑 경	惱 뇌	月 월

五欲功德滅壞法性

汝應愛樂眞實法音

三十三天來昇善法堂

悉共爲說微妙法

帝釋應順寂除貪愛

咸令順寂除貪愛

彼音無形不可見

사경의 공덕은 십만억 부처님께 공양한 것과 같은 공덕이 있습니다.

猶(유)能(능)利(리)益(익)諸(제)天(천)衆(중)
況(황)隨(수)心(심)樂(락)現(현)色(색)身(신)
而(이)不(부)濟(제)度(도)諸(제)群(군)生(생)
天(천)阿(아)修(수)羅(라)共(공)鬪(투)時(시)
諸(제)天(천)福(복)德(덕)殊(수)勝(승)力(력)
天(천)鼓(고)出(출)音(음)告(고)其(기)衆(중)
汝(여)等(등)宜(의)應(응)勿(물)憂(우)怖(포)

諸제	悉실	時시	所소	甘감	恒항	大대
天천	除제	阿아	將장	露로	出출	悲비
聞문	憂우	修수	兵병	妙묘	降항	哀애
此차	畏외	羅라	衆중	定정	魔마	愍민
所소	增증	心심	咸함	如여	寂적	救구
告고	益익	震진	退퇴	天천	靜정	一일
音음	力력	懼구	走주	鼓고	音음	切체

普보	帝제	九구	令영	天천	如여	善선
使사	釋석	十십	彼피	王왕	天천	法법
衆중	普보	有유	各각	獨독	女녀	堂당
生생	應응	二이	各각	與여	中중	內내
滅멸	諸제	那나	心심	我아	身신	亦역
煩번	天천	由유	自자	娛오	普보	如여
惱뇌	女녀	他타	謂위	樂락	應응	是시

사경의 공덕은 십만억 부처님께 공양한 것과 같은 공덕이 있습니다.

能於一念現神通　悉至其前爲說法
帝釋具有貪恚癡　能令歡喜悉歡喜
況大方便神通力　而不能令一切悅
他化自在六天王

而이	況황	猶유	彼피	繫계	以이	於어
不불	具구	於어	有유	縛박	業업	欲욕
能능	十십	衆중	貪탐	一일	惑혹	界계
令령	種종	生생	欲욕	切체	苦고	中중
衆중	自자	得득	瞋진	諸제	爲위	得득
同동	在재	自자	恚에	凡범	胃견	自자
行행	力력	在재	癡치	夫부	網망	在재

사경의 공덕은 십만억 부처님께 공양한 것과 같은 공덕이 있습니다.

三千世界大梵王 삼천세계대범왕
悉能現梵天於所住處 실능현범천어소주처
演暢微妙梵音聲 연창미묘범음성
彼住世間梵梵 피주세간범범
禪定神通尚如意 선정신통상여의
況出世間無有上 황출세간무유상

於어	摩마	大대	悉실	於어	無무	得득
禪선	醯혜	海해	能능	一일	量량	是시
解해	首수	龍룡	分분	念념	億억	無무
脫탈	羅라	王왕	別별	中중	劫겁	上상
不부	智지	降강	數수	皆개	勤근	菩보
自자	自자	雨우	其기	辨변	修수	提리
在재	在재	時시	滴적	了료	學학	智지

사경의 공덕은 십만억 부처님께 공양한 것과 같은 공덕이 있습니다.

亦 역	衆 중	巨 거	以 이	衆 중	普 보	云 운
能 능	寶 보	海 해	大 대	生 생	知 지	何 하
興 흥	光 광	諸 제	風 풍	業 업	一 일	不 불
雲 운	明 명	山 산	力 력	報 보	切 체	於 어
降 강	萬 만	天 천	起 기	不 불	衆 중	一 일
大 대	物 물	宮 궁	世 세	思 사	生 생	念 념
雨 우	種 종	殿 전	間 간	議 의	心 심	中 중

何하	猶유	亦역	風풍	亦역	亦역	亦역
況황	成성	不불	不불	能능	能능	能능
具구	不불	學학	能능	安안	成성	散산
足족	可가	佛불	學학	樂락	熟숙	滅멸
諸제	思사	諸제	波바	諸제	一일	諸제
願원	議의	功공	羅라	群군	切체	雲운
者자	事사	德덕	蜜밀	生생	穀곡	氣기

사경의 공덕은 십만억 부처님께 공양한 것과 같은 공덕이 있습니다.

男子女人 種種聲
一切鳥獸 諸音聲
大海川流 雷震聲
皆能稱悅 眾生意
況復知聲 性如響
逮得無礙 妙辯才
普應眾生 而演說法

而不能令世間喜
海有希奇殊特法
能為一切平等印
衆生寶物及所川流
普悉包容無所拒
無盡禪定解脫者
為平等印亦如是

사경의 공덕은 십만억 부처님께 공양한 것과 같은 공덕이 있습니다.

福복	一일	大대	普보	興흥	其기	第제
德덕	切체	海해	於어	雲운	雲운	六륙
智지	普보	龍룡	諸제	充충	種종	他타
慧혜	修수	王왕	處처	徧변	種종	化화
諸제	無무	遊유	得득	四사	莊장	自자
妙묘	厭염	戲희	自자	天천	嚴엄	在재
行행	足족	時시	在재	下하	色색	天천

大 대	四 사	三 삼	夜 야	兜 도	化 화	於 어
海 해	王 왕	十 십	摩 마	率 솔	樂 락	彼 피
水 수	天 천	三 삼	天 천	陀 타	天 천	雲 운
上 상	上 상	天 천	上 상	天 천	上 상	色 색
金 금	玻 파	瑪 마	琉 류	霜 상	赤 적	如 여
剛 강	瓈 려	瑙 노	璃 리	雪 설	珠 주	眞 진
色 색	色 색	色 색	色 색	色 색	色 색	金 금

사경의 공덕은 십만억 부처님께 공양한 것과 같은 공덕이 있습니다.

緊 긴	諸 제	夜 야	阿 아	鬱 울	閻 염	餘 여
那 나	龍 룡	叉 차	修 수	單 단	浮 부	二 이
羅 라	住 주	住 주	羅 라	越 월	提 제	天 천
中 중	處 처	處 처	中 중	處 처	中 중	下 하
妙 묘	蓮 연	白 백	山 산	金 금	青 청	雜 잡
香 향	華 화	鵝 아	石 석	焰 염	寶 보	莊 장
色 색	色 색	色 색	色 색	色 색	色 색	嚴 엄

隨又雲化兜夜三
衆復中樂率摩十
所他電天天天三
樂化耀上上上天
而自如如閻珂金
應在日月浮雪焰
之天光光金色色

四 사	大 대	緊 긴	龍 용	夜 야	阿 아	鬱 울
王 왕	海 해	那 나	王 왕	叉 차	修 수	單 단
天 천	之 지	羅 라	所 소	羅 라	越 월	
上 상	中 중	界 계	住 주	中 중	境 경	
衆 중	赤 적	琉 유	寶 보	玻 파	瑪 마	火 화
寶 보	珠 주	璃 리	藏 장	瓈 려	瑙 노	珠 주
色 색	色 색	色 색	色 색	色 색	色 색	色 색

夜 야	兜 도	化 화	他 타	如 여	餘 여	閻 염
摩 마	率 솔	樂 락	化 화	雲 운	二 이	浮 부
天 천	天 천	天 천	雷 뢰	色 색	天 천	提 제
上 상	上 상	中 중	震 진	相 상	下 하	中 중
天 천	歌 가	大 대	如 여	電 전	雜 잡	帝 제
女 녀	唱 창	鼓 고	梵 범	亦 역	莊 장	青 청
音 음	音 음	音 음	音 음	然 연	嚴 엄	色 색

사경의 공덕은 십만억 부처님께 공양한 것과 같은 공덕이 있습니다.

於彼三十三天上 護世四王諸天所 如世乾闥婆王所出音 海中乾闥婆王所出音 緊那羅種種天音 諸龍城中頻伽聲 緊那羅中簫笛聲 海中兩山相擊聲

曼 만	化 화	種 종	他 타	於 어	阿 아	夜 야
陀 다	樂 락	種 종	化 화	人 인	修 수	叉 차
羅 라	天 천	雜 잡	自 자	道 도	羅 라	住 주
華 화	雨 우	華 화	在 재	中 중	中 중	處 처
及 급	多 다	為 위	雨 우	海 해	天 천	龍 룡
澤 택	羅 라	莊 장	妙 묘	潮 조	鼓 고	女 녀
香 향	華 화	嚴 엄	香 향	聲 성	聲 성	聲 성

사경의 공덕은 십만억 부처님께 공양한 것과 같은 공덕이 있습니다.

兜	具	髻	上	夜	華	赤
도	구	계	상	야	화	적
率	足	中	妙	摩	鬘	眞
솔	족	중	묘	마	만	진
天	種	寶	衣	中	塗	珠
천	종	보	의	중	도	주
上	種	珠	服	雨	香	色
상	종	주	복	우	향	색
雨	寶	如	眞	幢	妙	上
우	보	여	진	당	묘	상
摩	莊	月	金	幡	嚴	妙
마	장	월	금	번	엄	묘
尼	嚴	光	色	蓋	具	衣
니	엄	광	색	개	구	의

色 색	護 호	妙 묘	鬱 울	堅 견	三 삼	及 급
香 향	世 세	華 화	金 금	黑 흑	十 십	以 이
味 미	城 성	香 향	雞 계	沈 침	三 삼	種 종
具 구	中 중	水 수	羅 라	水 수	天 천	種 종
增 증	雨 우	相 상	多 다	梅 전	如 여	衆 중
長 장	美 미	雜 잡	摩 마	檀 단	意 의	妓 기
力 력	膳 선	雨 우	等 등	香 향	珠 주	樂 악

사경의 공덕은 십만억 부처님께 공양한 것과 같은 공덕이 있습니다.

亦 역	悉 실	又 우	注 주	復 부	亦 역	緊 긴
雨 우	是 시	復 부	雨 우	雨 우	雨 우	那 나
難 난	龍 룡	於 어	不 부	無 무	種 종	羅 라
思 사	王 왕	彼 피	斷 단	盡 진	種 종	界 계
衆 중	之 지	大 대	如 여	大 대	莊 장	雨 우
妙 묘	所 소	海 해	車 차	寶 보	嚴 엄	瓔 영
寶 보	作 작	中 중	軸 축	藏 장	寶 보	珞 락

사경의 공덕은 십만억 부처님께 공양한 것과 같은 공덕이 있습니다.

摧 최	阿 아	夜 야	諸 제	種 종	婆 바	衆 중
伏 복	修 수	叉 차	龍 룡	種 종	利 리	色 색
一 일	羅 라	城 성	城 성	樂 락	師 사	蓮 연
切 체	中 중	內 내	中 중	音 음	迦 가	華 화
諸 제	雨 우	光 광	雨 우	皆 개	末 말	衣 의
怨 원	兵 병	摩 마	赤 적	具 구	利 리	及 급
敵 적	仗 장	尼 니	珠 주	足 족	香 향	寶 보

長養衆華及果藥
微細悅澤常應時
閻浮提雨清淨水
悉雨種種莊嚴具
弗婆耶瞿二天下
亦雨無量上妙華
鬱單單越中雨瓔珞

成(성) 如(여) 種(종) 龍(용) 而(이) 彼(피) 尚(상)
熟(숙) 是(시) 種(종) 王(왕) 身(신) 於(어) 能(능)
一(일) 無(무) 雲(운) 自(자) 不(부) 世(세) 現(현)
切(체) 量(량) 電(전) 在(재) 動(동) 界(계) 此(차)
諸(제) 妙(묘) 及(급) 悉(실) 無(무) 海(해) 難(난)
苗(묘) 莊(장) 雷(뢰) 能(능) 分(분) 中(중) 思(사)
稼(가) 嚴(엄) 雨(우) 作(작) 別(별) 住(주) 力(력)

사경의 공덕은 십만억 부처님께 공양한 것과 같은 공덕이 있습니다.

況入法海具功德
而不能爲海大神變
彼諸菩薩解脫門
一切譬喻無能顯
我今說於其自在力
略說一譬喻
第一智慧廣大慧

如 여	能 능	若 약	此 차	如 여	勝 승	眞 진
是 시	信 신	人 인	法 법	是 시	慧 혜	實 실
所 소	能 능	聞 문	希 희	法 법	及 급	智 지
作 작	受 수	已 이	有 유	門 문	以 이	慧 혜
甚 심	能 능	能 능	甚 심	今 금	殊 수	無 무
爲 위	讚 찬	忍 인	奇 기	已 이	勝 승	邊 변
難 난	說 설	可 가	特 특	說 설	慧 혜	慧 혜

求구	少소	一일	以이	若약	信신	世세
獨독	有유	切체	昔석	有유	是시	間간
覺각	欲욕	世세	因인	勤근	法법	一일
者자	求구	界계	力력	修수	者자	切체
轉전	聲성	諸제	乃내	清청	甚심	諸제
復부	聞문	群군	能능	淨정	難난	凡범
少소	乘승	生생	信신	福복	得득	夫부

사경의 공덕은 십만억 부처님께 공양한 것과 같은 공덕이 있습니다.

頂	有	如	況	能	趣	趣
정	유	여	황	능	취	취
戴	以	法	復	信	大	大
대	이	법	부	신	대	대
一	三	修	持	此	乘	乘
일	삼	수	지	차	승	승
劫	千	行	誦	法	者	者
겁	천	행	송	법	자	자
身	大	眞	爲	倍	猶	甚
신	대	진	위	배	유	심
不	千	實	人	更	爲	難
부	천	실	인	갱	위	난
動	界	解	說	難	易	遇
동	계	해	설	난	이	우

사경의 공덕은 십만억 부처님께 공양한 것과 같은 공덕이 있습니다.

大方廣佛華嚴經

彼	信	有	盡	彼	能	十
피	신	유	진	피	능	십
之	是	以	於	之	信	刹
지	시	이	어	지	신	찰
所	法	手	一	所	此	塵
소	법	수	일	소	차	진
作	者	擎	劫	作	法	數
작	자	경	겁	작	법	수
未	乃	十	空	未	乃	衆
미	내	십	공	미	내	중
爲	爲	佛	中	爲	爲	生
위	위	불	중	위	위	생
難	難	刹	住	難	難	所
난	난	찰	주	난	난	소

悉실	彼피	信신	十십	悉실	若약	其기
施시	之지	此차	刹찰	皆개	於어	福복
樂악	福복	法법	塵진	承승	此차	最최
具구	德덕	者자	數수	事사	品품	勝승
經경	未미	爲위	如여	盡진	能능	過과
爲위	最최	來래	一일	誦송	於어
一일	勝승	所소	劫겁	持지	彼피
劫겁						

사경의 공덕은 십만억 부처님께 공양한 것과 같은 공덕이 있습니다.

	等	讚	前	惡	方	
		등	찬	전	악	방	
	一 일	言 언	各 각	道 도	世 세	時 시
	切 체	善 선	以 이	休 휴	界 계	賢 현
	悉 실	哉 재	右 우	息 식	六 육	首 수
	皆 개	善 선	手 수	十 시	反 반	菩 보
	隨 수	哉 재	而 이	方 방	震 진	薩 살
	喜 희	快 쾌	摩 마	諸 제	動 동	說 설
		說 설	其 기	佛 불	魔 마	此 차
		此 차	頂 정	普 보	宮 궁	偈 게
		法 법	同 동	現 현	隱 은	已 이
		我 아	聲 성	其 기	蔽 폐	十 시

사경의 공덕은 십만억 부처님께 공양한 것과 같은 공덕이 있습니다.

發 願 文

귀의 삼보하옵고

거룩하신 부처님께 발원하옵나이다.

주 소 : _____

전 화 : _____ 불명 : _____ 성 명 : _____

불기 25_____ 년 _____ 월 _____ 일